AF341805

Marrault G

Silhouèttes de Locomotives etc

MINISTÈRE DE L'INSTRUCTION PUBLIQUE ET DES BEAUX-ARTS

MUSÉE PÉDAGOGIQUE

41, rue Gay-Lussac, 41

SERVICE DES PROJECTIONS LUMINEUSES

NOTICE SUR LES VUES

SILHOUETTES

DE

LOCOMOTIVES MODERNES

par G. MARRAULD,

INGÉNIEUR DES ARTS ET MANUFACTURES, INSPECTEUR DES ATELIERS
DE MACHINES A LA COMPAGNIE DU CHEMIN DE FER DU NORD

MELUN

IMPRIMERIE ADMINISTRATIVE

1920

LISTE DES VUES

<table>
<tr><td>N°</td><td></td><td></td><td>Origine</td><td>Vues</td></tr>
<tr><td>1</td><td>La Fusée.....................</td><td>M.P.</td><td>Chemin de fer</td><td>14</td></tr>
<tr><td>2</td><td>Loco Crampton......, ...</td><td>G.M.</td><td>Loco moderne</td><td>1</td></tr>
<tr><td>3</td><td>Loco Compound P.L.M........</td><td>—</td><td>—</td><td>2</td></tr>
<tr><td>«</td><td>Viaduc de Gabarit ....</td><td>M.P.</td><td>Chemin de fer</td><td>20</td></tr>
<tr><td>«</td><td>Pont du Forth................</td><td>—</td><td>—</td><td>21</td></tr>
<tr><td>4</td><td>Coupe en long (Simple)......</td><td>—</td><td>—</td><td>3</td></tr>
<tr><td>5</td><td>Coupe chaudière moderne.....</td><td>G.M.</td><td>Loco moderne</td><td>3</td></tr>
<tr><td>6</td><td>Loco mixte 3500.............</td><td>—</td><td>—</td><td>4</td></tr>
<tr><td>7</td><td>Loco Nord 22 0.............</td><td>—</td><td>—</td><td>5</td></tr>
<tr><td>8</td><td>Loco Nord 3800.............</td><td>—</td><td>—</td><td>6</td></tr>
<tr><td>8 bis</td><td>Loco Mallet « Est »..........</td><td>—</td><td>—</td><td>7</td></tr>
<tr><td>9</td><td>Loco Nord 6000.............</td><td>—</td><td>—</td><td>8</td></tr>
<tr><td>9 bis</td><td>Loco Nord 6000 à l'eau ......</td><td>—</td><td>—</td><td>9</td></tr>
<tr><td>10</td><td>Loco Decapod...............</td><td>—</td><td>—</td><td>10</td></tr>
<tr><td>11</td><td>Loco Nord 3100 ....</td><td>—</td><td>—</td><td>11</td></tr>
<tr><td>11 bis</td><td>Loco Nord 3500 ....</td><td>—</td><td>—</td><td>12</td></tr>
<tr><td>12</td><td>Loco Atlantic...............</td><td>—</td><td>—</td><td>13</td></tr>
<tr><td>13</td><td>Loco Pacific................</td><td>—</td><td>—</td><td>14</td></tr>
<tr><td>14</td><td>Loco Baltic.................</td><td>—</td><td>—</td><td>15</td></tr>
<tr><td>15</td><td>—   au repos..........</td><td>—</td><td>—</td><td>16</td></tr>
<tr><td>16</td><td>—   au démarrage .....</td><td>—</td><td>—</td><td>17</td></tr>
<tr><td>17</td><td>—   vue de l'avant ...</td><td>—</td><td>—</td><td>18</td></tr>
<tr><td>18</td><td>Loco Allemande ....</td><td>—</td><td>—</td><td>19</td></tr>
<tr><td>19</td><td>A bord ....</td><td>—</td><td>—</td><td>20</td></tr>
<tr><td>20</td><td>A bord ....</td><td>—</td><td>—</td><td>21</td></tr>
<tr><td>21</td><td>Train en marche...........</td><td>—</td><td>—</td><td>22</td></tr>
<tr><td>22</td><td>Loco en l'air ....</td><td>—</td><td>—</td><td>23</td></tr>
<tr><td>23</td><td>Loco à terre ....</td><td>—</td><td>—</td><td>24</td></tr>
<tr><td>24</td><td>Loco à l'eau................</td><td>—</td><td>—</td><td>25</td></tr>
</table>

29 vues, dont 4 M.P. et 25 M.G. (originales).

Le 15 novembre 1919.

SILHOUETTES
DE LOCOMOTIVES MODERNES

L'augmentation du trafic et l'accroissement de vitesse des trains depuis une vingtaine d'années ont amené les différentes Compagnies de Chemins de Fer à adopter sur leurs réseaux des types de locomotives très semblables qui peuvent entrer dans la catégorie des « Locomotives modernes » caractérisées par le timbre élevé, la forte puissance de la chaudière, le compoundage et l'emploi généralisé des bissels ou bogies.

Avant de décrire, avec quelques détails, les derniers types de ces locomotives dont les silhouettes sont maintenant familières, il n'est pas inutile de rappeler sommairement l'origine des Locomotives et d'indiquer le fonctionnement général d'une machine simple.

L'invention de la chaudière tubulaire est due à l'ingénieur français Séguin qui l'appliqua en 1828 sur la première locomotive roulant sur rails. Mais c'est seulement un an plus tard que l'Anglais Stephenson remorqua un véritable train, de Manchester à Liverpool, à l'aide d'une locomotive, appelée « la Fusée », qui reste connue comme la véritable ancêtre.

N° 1 — La Fusée

Cette locomotive, pesant 4 tonnes, possède tous les éléments essentiels de la locomotive actuelle : chaudière tubulaire, cylindres à vapeur, tiroirs, bielle attaquant la roue motrice, échappement de la vapeur activant le tirage dans la cheminée. Un train de 10 à 15 tonnes pouvait être remorqué à une vitesse de 20 kilomètres à l'heure. Disons tout de suite, à titre de comparaison, qu'une machine moderne de moyenne puissance pèse 60 tonnes et remorque aisément 400 tonnes à la vitesse de 100 kilomètres à l'heure.

N° 2 — Locomotive Crampton.

La locomotive *Crampton* est la première machine « vite » qui doit cette qualité à ses grandes roues motrices. Sa construction remonte à 1850.

La faible adhérence de cette machine l'empêchant d'effectuer un gros effort de traction, à l'unique essieu moteur furent bientôt substitués deux et trois essieux mûs par bielles motrices ou accouplées.

N° 3 — Locomotive Compound.

Sautant les étapes dans la transformation des locomotives, nous signalerons encore l'apparition en 1875 de la première machine *Compound*. (Nous parlons plus loin de cette forme d'utilisation de la vapeur dans les cylindres de locomotives).

Ce n'est pourtant qu'en 1900 que fut mis au point ce type de locomotive qui fut un des « clous » présentés par la Compagnie des Chemins de Fér du Nord à l'Expositi   universelle.

　　　^et　　　nous montre une des puissantes locomo-
　　　,ound « Pacific » du P.L.M., dont la com-
　　　avec les machines primitives précédentes
　　　.out de suite une image saisissante de l'énorme accroissement de toutes les dimensions.

Nous arrivons, en effet, dès 1900, à l'époque où les conditions nouvelles du transport des voyageurs et des marchandises nécessitent la construction de machines à plus fort rendement. Quelques chiffres nous éclairent à ce sujet :

Alors que, vers 1890, *la vitesse moyenne des express* n'est que de 60 kilomètres à l'heure, elle passe après 1900 à 75 kilomètres à l'heure et plus.

Alors que, vers 1890, *le tonnage moyen des express* n'est guère supérieur à 200 tonnes, il atteint aisément 400 tonnes et plus après 1900.

Alors que, vers 1890, *le poids moyen d'un wagon à voyageurs* est de 20 tonnes, il dépasse après 1900 le poids de 35 et 40 tonnes, (soit près de 1000 kilos de poids mort par voyageur transporté dans un wagon très confortable !)

Cette augmentation de vitesse, de tonnage, cet accroissement de confort, obligent à demander un gros effort supplémentaire à la locomotive.

« *Enfler* » les dimensions de la locomotive n'est pas possible indéfiniment, il faut tenir compte du gabarit, c'est-à-dire des dimensions d'encombrement des obstacles de la voie : (ponts, tunnels, tranchées, etc). ; des ouvrages d'art tels que le viaduc de Garabit, le pont du Forth, que nous représentent les vues ci-dessous :

Nᵒˢ 3 *bis* et 3 *ter*. — Viaduc de Garabit et Pont du Forth.

Les tunnels du Gothard, du Mont-Cenis ou du Simplon, longs de 10 à 20 kilomètres, ne peuvent être refaits tous les dix ans pour laisser passer des locomotives aux dimensions de plus en plus géantes.

L'accroissement de la longueur de la locomotive ayant lui aussi une limite, à cause de la rigidité de la machine, il a fallu s'attacher surtout à améliorer le rendement de la chaudière et du mécanisme, d'où l'adoption d'une pression de vapeur de 15 à 16 kilos par centimètre carré, de cylindres à grands diamètres, de la surchauffe de la vapeur, d'essieux moteurs nombreux et lourdement chargés, enfin la construction soignée des foyers à large grille, consommant un minimum de charbon, condition particulièrement importante à réaliser dans notre pays, si pauvre en combustible.

Nᵒ 4. — Coupe en long d'une locomotive simple.

Prenons une locomotive simple pour en expliquer rapidement le fonctionnement.

Cette vue représente une machine coupée dans le sens de la longueur et montrant ce qu'elle a dans.... le ventre !

Un vaste « chaudron » rempli d'eau communique à une extrémité avec une boîte à feu (foyer), à l'autre avec une boîte à fumée que surmonte la cheminée.

Sous l'action du feu violent qu'entretient le chauffeur dans le foyer, l'eau se transforme en vapeur qui s'accumule dans la chaudière hermétiquement close et y acquiert de la pression.

Si l'on dirige cette vapeur dans le cylindre, elle y actionne le piston, alternativement vers l'avant et vers l'arrière, grâce à un organe spécial appelé *Tiroir*.

La bielle, reliée d'une part à la tige du piston, d'autre part à la manivelle de roue, fait tourner et avancer celle-ci, et la locomotive s'ébranle, à condition toutefois que l'adhérence soit suffisamment bien établie pour que la roue ne « patine » pas, c'est-à-dire ne tourne pas sur place.

Disons maintenant quelques mots sur les parties essentielles de la locomotive : *chaudière, cylindres et mécanisme, chassis et roues*.

La *chaudière* est de beaucoup la partie la plus importante, surtout dans une locomotive moderne où ses dimensions sont imposantes.

N° 5. — Coupe d'une Chaudière moderne.

Cette coupe montre une chaudière plus compliquée que la précédente et sur laquelle ressortent les organes essentiels de toute locomotive. Le *foyer* est constitué par une double caisse de cuivre ou d'acier, dont la façade avant est reliée au *corps cylindrique* que traversent les tubes à fumée, lesquels sont fixés à leurs deux extrémités sur les plaques tubulaires de foyer et de boîte à fumée.

Les gaz chauds venus du foyer abandonnent leur chaleur dans ces tubes avant de s'échapper par la cheminée, et chauffent l'eau.

Quelques chiffres donneront une idée de l'importance d'une chaudière moderne.

```
Surface de grille du foyer................  3 à 4 mq.
Longueur des tubes à fumée...............  6 mètres
Température des gaz dans le foyer........  1200 degrés
        —        dans la boîte à fumée.......  400 degrés
Pression de la vapeur....................  15 kg. par cmq.
    (Cad : 150.000 kg. pour une surface de 1 mq.)
Capacité d'une chaudière en eau et en vapeur
    (environ)...........................  10.000 litres
Vaporisation (par minute)................  150 litres
Consommation de charbon (par heure).......  1500 kilos
    (Soit annuellement plus de 7 millions de tonnes pour l'en-
    semble des locomotives de France).
```

Les appareils de sécurité indispensables sont :

Les soupapes, qui laissent échapper la vapeur quand la pression dépasse le timbre.

Le manomètre, qui indique à tout instant au mécanicien la valeur absolue de cette pression.

Le niveau d'eau, qui rend visible le niveau de l'eau dans la chaudière.

D'autres organes importants de la chaudière sont :

Les injecteurs chargés du remplissage de l'eau dans la chaudière.

Le régulateur qui est le robinet de prise de vapeur placé dans le dôme.

Toutes les machines modernes emploient maintenant la vapeur surchauffée. La transformation de la vapeur saturée (mouillée) en vapeur surchauffée (sèche) s'obtient en faisant circuler cette vapeur à contre sens dans les tuyaux à fumée, avant de l'introduire dans les cylindres.

L'économie qui en résulte est très importante du fait

du plus grand volume de vapeur obtenu pour une même quantité d'eau vaporisée, et du fait de la suppression de la condensation de la vapeur saturée au contact des parois froides des cylindres.

La température de la vapeur surchauffée atteint 350° alors que la vapeur ordinaire à 15 kilos n'est qu'à 200°.

Les *cylindres* sont généralement au nombre de deux ou quatre ; les manivelles.étant calées de telle sorte que deux cylindres au moins soient toujours capables de l'effort maximum, ce qui est particulièrement intéressant au moment du démarrage.

Le principe de la distribution de la vapeur par *tiroir plan* est suffisamment connu pour qu'il soit inutile d'y revenir. Sur une locomotive moderne à surchauffe les tiroirs sont généralement cylindriques, ce qui facilite leur entretien.

Dans les locomotives à simple expansion, la vapeur, introduite dans le cylindre à 15 kilos, sort avec une pression restante inutilisée de 3 à 4 kilos. Dans les Locomotives « *Compound* », la vapeur travaille en deux étapes ; dans un premier groupe de cylindres (haute pression H.P.)elle tombe de 15 kilos à 4 ou 5 kilos, dans un second groupe de cylindres (basse pression B.P.) elle tombe de 4 kilos à 1 kilo (pression de l'air atmosphérique). On utilise ainsi complètement la force de la vapeur.

De plus, profitant de l'élasticité de celle-ci, la vapeur n'est *admise* à pleine pression que pendant une partie de la course du piston (25 à 75 %) suivant l'effort à fournir ; elle se détend ensuite.

Le mécanicien dispose, dans sa cabine, d'un appareil dit de changement de marche, qui lui permet de commander la marche avant, arrière, et de régler le degré de cette détente dans les deux groupes de cylindres

N° 6. — Locomotive mixte 3.500

Sur cette vue, on voit le groupe de cylindres extérieurs H.P. avec leurs tiroirs ; l'autre groupe de cylindres B.P. se trouve à l'intérieur des longerons, cachés par le chassis de la locomotive. Cette vue montre également le mécanisme : tige de piston, crosse coulissant sur des glissières, bielles motrices, manivelles des roues motrices, bielles d'accouplement.

Les *roues*, calées sur les essieux, ont des diamètres variables : 1.200 à 2.100 ; les bandages extérieurs, seuls s'usent et sont « rafraîchis » par tournage ou remplacés après un certain parcours.

Sur des machines un peu longues, il est nécessaire, pour les rendre moins rigides, et en permettre l'inscription en courbe, de prévoir, soit un essieu à jeu latéral, soit un *bissel* ou un *bogie* mobile à l'avant ou à l'arrière.

Le *chassis* de la locomotive est constitué par deux brancards appelés *longerons*. Ce sont de fortes tôles d'acier reliées par des entretoises de fonte qui les rendent solidaires et rigides.

Dans ces longerons s'encastrent les boîtes à huile qui s'appliquent sur les fusées des essieux, sur lesquels porte par l'intermédiaire des ressorts tout le poids de la locomotive.

Ces ressorts, indispensables pour la préservation des organes délicats de la machine, donnent lieu à des mouvements parasites : roulis, tangage, galop, dont l'existence complique l'étude de la stabilité de la locomotive.

Ayant terminé la description rapide d'une machine, passons maintenant à l'examen des divers types de locomotives modernes.

La silhouette d'une locomotive de « Rapide » se distingue, à première vue, de celle d'une machine «à marchandises» par la dimension des roues: roues de très grands diamètres pour la première, roues de petits diamètres pour la seconde.

Une même puissance de chaudière peut en effet s'utiliser pour remorquer, soit à grande vitesse un train relativement léger, soit à vitesse plus lente un convoi lourd.

Quelle appellation donne-t-on aux locomotives pour les reconnaître entre elles?

Les premières machines portaient des noms de villes ou de fleuves — « Lille », « Le Rhône », etc.......

Dans les dépôts, les mécaniciens et chauffeurs désignaient autrefois du sobriquet de « Mammouth » , « Chameau », des machines dont l'allure leur rappelaient l'animal préhistorique, le dromadaire à deux bosses, etc..

Actuellement, les machines portent toutes un N° de série et un N° d'ordre. La désignation technique des machines repose sur un numéro de trois chiffres, qui met en évidence le nombre et la disposition des essieux. Ainsi 2 — 3 — 1 désigne une machine comportant un bogie à deux essieux ; trois essieux couplés et un essieu porteur. 0 — 4 — 0, une machine à adhérence totale comportant quatre essieux moteurs ou couplés.

Enfin, tout le monde a entendu parler des appellations communes des machines « Atlantic », « Pacific »,...... dont nous allons montrer quelques silhouettes.

N° 7. — Locomotive Nord 2.200

La locomotive *Nord 2200* est le type des machines de gare ou de banlieue, dites Locos-Tenders, parce qu'elles n'ont pas de tender, et portent elles-mêmes leur approvisionnement en combustible et en eau, elles sont établies de façon à pouvoir circuler dans les deux sens. A cet effet, les principaux organes de commande à la disposition du mécanicien : régulateur, frein, changement de marche, sont doublés.

Nº 8 — Locomotive Nord 3.800

Cette locomotive est du même type que la précédente, mais un peu plus puissante; elle est munie de trois essieux couplés et de deux bogies, (un à l'avant et l'autre à l'arrière). Son poids est de 70 tonnes environ.

Les différents réseaux se sont mis d'accord sur un type, plus puissant encore, destiné à tous les trains lourds de banlieue et dénommé « Mikado », du type 1-3-1.

Nº 8 *bis*. — Locomotive Mallet (Est).

Les machines à marchandises consomment beaucoup de charbon et d'eau, elles ont un tender séparé. Pour être capables d'un gros effort de traction, elles ont des roues de faible diamètre, ce qui, d'autre part, leur interdit de grandes vitesses.

La longueur de certaines de ces machines puissantes les rendraient trop rigides pour l'inscription dans les courbes.

La machine Mallet, que représente cette vue, est une machine à marchandises du Réseau de l'Est, dont le bogie avant porte un des groupes de cylindres et est muni d'un essieu porteur et de trois essieux couplés. Le deuxième groupe de cylindres actionne à l'arrière les trois autres essieux moteurs.

N° 9. — Locomotive Nord 6.000

La Compagnie du Nord a construit, sur un principe à peu près semblable, une locomotive à marchandises, montée sur une longue poutre longitudinale, laquelle repose uniquement sur deux bogies, tous deux moteurs.

C'est la locomotive 6000 représentée ici, avec d'énormes caisses à eau latérales qui contribuent à l'équilibre de la machine. Pesant plus de 100 tonnes, ces machines peuvent remorquer sur rampes de 10 et 15 mm. des trains de 900 à 1.200 tonnes.

L'inconvénient de ces machines articulées réside dans la difficulté de construire des joints de vapeur étanches.

N° 9 *bis* — Locomotive Nord 6.000 à l'eau.

Cette vue représente une autre machine 6000 en train de prendre de l'eau.

N° 10. — Locomotive Decapod.

Une machine d'usage courant, tant en France qu'à l'étranger, pour la traction de trains à marchandises lourds, est connue sous le nom de « Consolidation ».

A tender séparé, elle comporte un bissel et quatre essieux couplés.

Cette vue représente une machine semblable, mais plus for'e encore (un bissel et cinq essieux couplés) portant le nom de « Décapod ».

N°ˢ 11 et 11 *bis*. — Locomotives nord 3.500

Les machines « mixtes » qui doivent assurer à la fois les trains de voyageurs et les trains de marchandises ont des roues de moyennes dimensions (diamètre 1 m. 75 environ).

Elles sont généralement du type représenté par cette vue (un bogie et trois essieux couplés), d'où leur nom « Ten Wheels » ou dix roues, en anglais.

En voici une prête à démarrer ; le mécanicien met le pied.... à l'étrier.

En voici une autre, vue de 3/4, d'une série 3500 un peu plus forte.

Nº 12. — Locomotive Atlantic.

Nous arrivons maintenant aux locomotives de rapides, caractérisées par leurs roues à grand diamètre (2 m. environ.)

Le type « Atlantic » (2 — 2 — 1) comporte un bogie, deux essieux couplés, un essieu porteur.

Cette vue représente une locomotive 2600 du nord remarquable par l'élégance de ses lignes. C'est la locomotive *Compound* de 1900, restée pour ainsi dire sans changement depuis cette époque.

Nº 13. — Locomotive Pacific.

Le type « Pacific » (2 — 3 — 1) comporte un essieu moteur de plus que le précédent.

Voici une « Pacific » Nord, sans son tender, construite en 1912.

Nº 14. — Locomotive « Baltic. »

Enfin, un type beaucoup plus puissant, aux dimensions monstres, est constitué par le type « Baltic » (2 — 3 — 1) (un bogie à l'avant, trois essieux couplés et encore un bogie à l'arrière) dont deux spécimens ont été construits par le Nord en 1911.

D'un poids de 112 tonnes, d'une puissance théorique de 2.000 chevaux, ces machines remorquent facilement 400 tonnes à la vitesse de 120 kilomètres à l'heure.

Cette première vue représente une de ces machines, construite avec un foyer spécial à tubes d'eau. On voit nettement sous l'arrière du tablier un des collecteurs d'eau inférieurs.

Remarquez, en passant, que la hauteur de la chaudière empêche de donner aux parties saillantes : cheminée, dôme de vapeur, sablière, soupape, la même importance que dans les autres locomotives, ce qui modifie la silhouette de cette machine et lui donne une allure spéciale plus impressionnante.

N°s 15. — 16. et — 17. —

Les trois vues suivantes représentent encore cette même machine, ou sa sœur à foyer normal, vues de profil et de face, au repos, ou manifestant les premiers symptômes du départ.

N° 15. — Locomotive Baltic au repos.
N° 16. — Locomotive Baltic au démarrage.
N° 17. — Locomotive Baltic vue de l'avant.

Cette dernière vue nous donne une idée de la hauteur de la machine, dont on peut comparer les divers éléments à la hauteur des personnages qui circulent autour d'elle.

N° 18. — Locomotive allemande « Ten Wheels »

Cette vue représente une machine allemande du type mixte « Ten Wheels », semblable à celles qui viennent de nous être livrées en vertu des conditions de l'armistice.

Elles sont parfaitement construites, il faut le reconnaître, mais vous pouvez constater aussi qu'elles sont loin d'avoir le cachet de nos machines françaises. Les différents organes sont accrochés au bâti sans aucun souci de l'harmonie des lignes.

Nᵒˢ 19 et 20.

Complétons ces quelques silhouettes par deux vues prises « à bord ».

Voici d'abord (Vue 19 — *A bord*) le mécanicien dans sa guérite, l'œil à la lucarne, attentif aux signaux de la voie.

Cette vue montre une portion de la façade arrière de la chaudière avec les organes de commande : volant de prise de vapeur d'injecteur, leviers des régulateurs, volant de changement de marche sur lequel le « mécano » appuie la main, robinet de frein, etc ...

Cette deuxième vue (Nᵒ 20 — *A bord*) nous montre ensuite ce que voit le mécanicien. Ici, nous sommes « à bord » d'une 6.000, et c'est une des caisses à eau qui figure sur le côté de la chaudière. Nous traversons une gare : Voies, poteaux et signaux s'étendent devant nous comme une large route bordée d'arbres, et il semble qu'avec un panorama aussi découvert il soit impossible à un personnel attentif d'aborder l'accident ! Mais il faut compter avec l'imprévu, les difficultés sans nombre qui naissent en route, surtout la nuit.

Remarquons encore, sur le côté de la chaudière, les chapelles d'entrée d'eau, par où est refoulée l'eau fraîche qui remplace à tout instant celle qui a été vaporisée.

A l'avant le chauffeur montre la tête, il est parti prendre l'air, faire une réparation qui ne pouvait attendre, ou bien plutôt il est allé se faire photographier, sachant bien qu'on allait « opérer » par la lucarne.

Tout le monde est distrait à bord, gare l'accident !

N° 21. — **Train en marche**.

Voici un train en marche. La locomotive aborde un pont à 120 kilomètres à l'heure.

L'appareil qui a pris cette vue est malheureusement si parfait que la netteté de l'image ne donne pas l'impression de la vitesse.

Le mât à gauche est un des sémaphores de Bloc-système qui jalonnent la voie tous les 4 à 5 kilomètres, empêchant normalement deux trains de se trouver simultanément dans une même section.

N°ˢ 22. — 23. — 24.

Un peu en marge de cette Conférence, voici pour finir, trois vues montrant une locomotive dans des positions originales.

N° 22. — **Locomotive en l'air**.

Une machine de manœuvre qui vient d'être culbutée dans un tamponnement est remise sur « pattes » grâce à la grue de secours dont le bras peut soulever 50 tonnes. La machine est représentée complétement suspendue en l'air, au moment où on va la reposer sur les rails.

N° 23. — **Locomotive à terre**.

Cette vue rappelle l'accident survenu en 1895 à la gare Montparnasse ; une locomotive trop pressée de rentrer au dépôt franchit butoirs, quai, bâtiment, et vint s'abattre rue de Rennes après un saut d'une dizaine de mètres de haut. La voilà « fichée en terre », son tender restant encore accroché au 1er étage.

Singulier accident qui amusa les badauds, mais préoccupa les ingénieurs chargés de remonter la machine. On ne pouvait songer, en effet, à lui faire prendre, comme à un vulgaire voyageur, l'escalier ou l'ascenseur.

N° 24. — Locomotive à l'eau.

Ceci se passe dans les Flandres, pendant la Guerre.

Une locomotive chargée de remorquer de l'autre côté de l'Yser une pièce lourde tirant sur voie ferrée, trouve démolie, par un bombardement imprévu, l'estacade de fortune construite par le Génie. Le voyage s'effectuant de nuit, le personnel de la machine, surpris, n'a pu éviter le fatal plongeon ; heureusement sans conséquences graves pour le mécanicien et le chauffeur. Cette vue montre, sans fausse pudeur, « les dessous » d'une locomotive, chassis, roues, timonerie de frein, etc.

CONCLUSION

Le cadre de cette Conférence ne permet pas de traiter l'entretien courant et la réparation des locomotives. Cette question ferait utilement l'objet d'une autre conférence, dans laquelle on ferait ressortir :

1° l'importance des soins constants à donner aux locomotives, la nécessité de contrôler la résistance de ses organes et principalement ceux de la chaudière sujette à des explosions extrêmement dangereuses.

2° l'organisation des ateliers spéciaux de construction et de réparation des locomotives et l'exposé des méthodes d'usinage qui mettent en œuvre de puissan s machines-outils.

La présente Conférence traite seulement des locomotives à vapeur ; il est utile de savoir que, si pratiquement ce sont les seules machines modernes puissantes en exercice sur les Réseaux français, il existe à l'étranger, notamment en Amérique, des réseaux électrifiés où l'exploitation des Chemins de Fer se fait par traction électrique.

De grands projets sont d'ailleurs à l'étude pour électrifier les portions des réseaux P.O., Midi et P.L.M. qui, traversant des pays montagneux, peuvent profiter économiquement de la transformation sur place de la houille blanche (chutes d'eau) en énergie électrique.

Le rendement du système consiste surtout dans l'économie de charbon (houille noire) qu'il procure. Dans le même but, des études se poursuivent actuellement sur tous les réseaux pour l'adaptation des foyers de locomotives à la consommation du pétrole brut connu sous le nom de « mazout » ; des essais ont déjà eu lieu sur le P.L.M.

Si la locomotive à vapeur moderne n'a pas dit son dernier mot, les machines à pétrole et les locomotives électriques, qui n'en sont encore qu'à leur début, sont appelées certainement à révolutionner de façon plus complète les méthodes actuelles d'exploitation des Chemins de Fer.

Nous ne pouvons souhaiter qu'une chose : c'est qu'elles contribuent dans un avenir prochain à résoudre la crise des transports dont le pays souffre depuis si longtemps.

MELUN. IMPRIMERIE ADMINISTRATIVE. — M.P. 1962 M

18